Inv 97/15140

UN
ALCHIMISTE

AU DIX-NEUVIÈME SIÈCLE,

PAR

ALEXANDRE DUMAS.

PARIS,

IMPRIMERIE ADMINISTRATIVE DE PAUL DUPONT ET Cie,

Rue de Grenelle-Saint-Honoré, n° 55.

1843.

Composé à la Machine-Compositeur typographique de MM. Young et Delcambre.

UN

ALCHIMISTE

AU DIX-NEUVIÈME SIÈCLE.

I. — L'ALCHIMIE.

J'ai un ami dont le nom est devenu, depuis six ou huit ans, célèbre de deux façons différentes et bien opposées; cependant, pour le moment, je ne l'appellerai, si vous le voulez bien, que *mon ami*.

Je vais vous raconter son histoire.

Mon ami est d'origine allemande, mais sa famille habite depuis trois cents ans la France. Sous Charles V, son aïeul maternel tombait près de Beaumanoir au combat des Trente; sous Henri II, son aïeul paternel conduisait des bords du Rhin à Paris une compagnie de cinq cents lances; aussi mon ami porte-t-il au-dessus de ses armes, qui sont d'azur, à trois fusées d'or rangées en fasces, un casque d'argent grillé d'or, ce qui n'appartient qu'aux généraux d'armée, aux chefs de compagnie, aux gouverneurs de provinces et aux marquis. Je consigne ce fait attendu que mon ami étant vicomte, on pourrait s'étonner de cette anomalie héraldique qui, grâce à cet éclaircissement, se trouve naturellement expliquée.

Quoique mon ami, comme on le voit, eût pu faire haut la main ses preuves de 1399, et qu'à cette époque il eût pu, en sa qualité de fils unique, compter sur une soixantaine de mille livres de rentes, ce qui est fort joli par le temps qui court, il fut mis au collége comme s'il n'eût été que le fils d'un simple bourgeois ou d'un roi constitutionnel. Peut-être devrais-je cacher cette circonstance, qui lui fera vraisemblablement du tort près de quelques maisons aristocratiques du faubourg Saint-Germain; mais, en ma qualité d'historien, je me dois avant tout à la vérité, historien venant, comme chacun sait, de *histor*, et *histor* voulant dire *témoin*.

Or, j'ai été à peu près témoin de toutes les choses que je vais raconter.

Je lève donc la main, et je jure de dire la vérité, toute la vérité, rien que la vérité.

Mon ami fit d'excellentes études, ce qui, comme on le voit, était encore bien vulgaire ; il en résulta qu'il sortit du collége à seize ans. C'était, si je me le rappelle bien, en l'an de grâce mil huit cent vingt-quatre.

Outre ses études universitaires, deux choses avaient fortement préoccupé mon ami depuis l'âge de dix ans ; l'une de ces deux choses, ou plutôt de ces deux sciences, — osons les appeler par leur nom, — mon ami est un savant... voilà le mot lâché ; ma foi, tant pis !.... une de ces deux sciences, dis-je, était la musique, l'autre était la chimie.

Aussi, à douze ans, mon ami était-il déjà un Beethoven en germe et un Lavoisier en herbe, passant tout le temps que lui laissaient ses études à composer des symphonies et à faire des expériences, tandis que ses camarades jouaient à la balle, à la toupie ou au bouchon.

Cependant, lorsqu'il avait bien échelonné des rondes, des blanches, des noires, des croches, des doubles croches et des triples croches sur les cinq marches de l'escalier chromatique où ces dames ont l'habitude de monter et de descendre ; lorsqu'il avait, par la distillation, séparé un liquide volatil quelconque, des substances plus fixes que lui, le compositeur futur, le chimiste à venir redevenait enfant ; car il fallait bien que cette jeune âme laissât de temps en temps à la bête quelques moments de récréation.

Alors un des amusements favoris de la bête était de ranger en ordre de bataille des soldats de plomb.

Nous connaissons tous ce plaisir stratégique, n'est-ce pas ? Nous avons tous été capitaines, colonels ou généraux de ces inoffensives armées. Nous avons tous, avec des canons en miniature chargés de cendrée, couché sur le parquet des bataillons d'infanterie et des escadrons de cavalerie, qui attendaient impassiblement la mort, l'arme au bras ou le sabre à la main, et qui, plus heureux que les automates humains qu'on appelle vulgairement de la chair à canon, et poétiquement des héros, se relevaient cinq minutes après pour retomber et se relever encore jusqu'à ce que, l'heure du travail revenant, ils rentraient dans leurs longues boîtes de bois, où ils dormaient, plus paisibles que Thémistocle, attendant que la récréation prochaine amenât pour eux une autre Salamine ou une nouvelle Mantinée, sans que les trophées de qui que ce fût troublassent leur sommeil.

Or, comme je l'ai dit, une des rares distractions que se permettait mon ami était le belliqueux plaisir de commander la manœuvre à soixante-douze soldats de plomb. Un jour donc qu'il venait de faire exécuter à son armée les douze espèces d'ordres de bataille indiqués par Jomini, depuis l'ordre parallèle simple jusqu'à l'ordre en colonnes sur le centre et sur une aile, en passant par l'ordre oblique simple, auquel

Épaminondas dut la victoire de Leuctres, et par l'ordre concave sur le centre, auquel Annibal dut la victoire de Cannes; un jour, dis-je, qu'il avait, lui aussi, gagné deux ou trois batailles, une rêverie scientifique vint le surprendre au milieu de son triomphe guerrier, et, ayant avisé sur la cheminée une magnifique coupe d'argent aux armes de la famille, l'idée lui vint de faire de ses soixante-douze soldats un seul lingot de plomb, afin, sans doute, de peser philosophiquement et d'un seul coup, dans sa main, la cendre de six douzaines de héros. C'était, comme on le comprend bien, une trop grande idée pour qu'elle ne reçût pas son exécution. L'apprenti chimiste connaissait la différence de fusibilité des deux métaux; il ne douta donc pas un instant de la réussite de son expérience, et, plaçant la coupe sur un feu ardent, il y porta ses soixante-douze soldats, depuis le tambour jusqu'au général.

Tout alla d'abord au gré de ses désirs : les soldats fondirent sans distinction d'arme, sans aristocratie de grades, et l'expérimentateur s'apprêtait déjà à tirer du feu, à l'aide des pincettes, le précieux récipient, lorsqu'il s'aperçut, avec un étonnement profond, que le plomb filtrait à travers l'argent. En quelques secondes, l'armée fut dans les cendres jusqu'à sa dernière goutte, laissant la coupe trouée comme un crible.

Il y avait dans cet événement inattendu deux choses graves : la première, c'était la dévastation d'un objet précieux; la seconde, c'était un problème à résoudre.

Je me hâte de dire que mon ami ne se préoccupa de la dévastation de l'objet précieux qu'en tant qu'elle se rattachait au problème.

Ce problème était grave pour un enfant de douze ans.

« Comment un métal, moins fusible qu'un autre métal, n'avait-il pu contenir ce métal en fusion? ».

Mon ami y pensa trois jours et trois nuits; enfin, il arriva tout seul à cette solution : que le plomb, en s'oxidant à l'air, avait tout naturellement percé la coupe qui contenait cinq pour cent d'alliage.

Mon ami fut si content et si fier d'avoir trouvé cette solution qu'il pensa que ce n'était pas avoir payé trop cher une pareille expérience de la perte d'une coupe de trois ou quatre cents francs.

D'ailleurs la coupe n'était pas tout à fait perdue; elle valait encore son poids.

Ce pas fait sans lisière dans la science des Dumas (ne pas confondre avec l'auteur de cet article) et des Thénard (ne pas confondre avec l'artiste de l'Opéra-Comique) donna la plus grande envie à mon ami de marcher tout seul; d'ailleurs la mère de mon ami, femme d'un esprit tout à fait supérieur, aimait mieux voir son fils s'amuser à cela qu'à jouer aux billes ou au cerf-volant. A partir de ce jour, le jeune chimiste eut donc un laboratoire, avec fourneaux, creusets, cornues, ballons, alambics et autres ingrédients, de toutes formes et de toute espèce, dans lequel il passa tout le temps des récréations qu'il ne donnait pas à la musique.

Car la musique allait aussi son train; le contrepoint et la fugue balançaient presque la décomposition et la volatilisation, de sorte que les prophètes les plus hardis n'osaient encore dire si mon ami serait un Rossini ou un Gay-Lussac.

On atteignit ainsi l'année 1824 déjà relatée plus haut : l'enfant était devenu jeune homme, l'écolier devint étudiant; il suivit successivement, et avec cette sérieuse habitude du travail qu'il avait prise, ses cours d'anatomie et de physiologie, de chimie et de physique; passa ses examens de bachelier ès lettres et de bachelier ès sciences, fut reçu docteur en droit et en médecine.

1832 arriva dans cette alternative de travaux humanitaires, sociaux et scientifiques : mon ami avait 24 ou 25 ans; il s'agissait de s'arrêter à une carrière, quoiqu'à cette époque mon ami, jeune, riche, et homme d'esprit, pût parfaitement se passer de carrière ; mais, comme il était un ambitieux, il ne lui suffisait pas d'être né quelque chose, il voulait absolument devenir quelqu'un.

Il fallait opter entre ces deux vocations, chimiste ou compositeur, attendu qu'on ne peut pas faire à la fois de la chimie et de la musique. Les musiciens eussent bien pardonné à mon ami d'être chimiste ; mais les chimistes, à coup sûr, ne lui eussent pas pardonné d'être musicien.

Mon ami se décida pour la chimie, ou plutôt pour l'alchimie.

Il y a un abîme entre ces deux sciences, qui, à la vue, cependant, n'offrent une différence que de deux lettres de plus ou de deux lettres de moins. L'une est une science positive, l'autre est un art conjectural. L'alchimie est le rêve des imaginations puissantes, la chimie est l'étude des esprits graves. Tout chimiste supérieur a commencé par être quelque peu alchimiste.

Or, mon ami était convaincu que les limites du possible dépassent toujours l'horizon tracé par l'état présent de la science, et que la plupart des théories qui sont devenues des faits ont commencé par être regardées comme des visions plus ou moins invraisemblables, ou plus ou moins fantastiques, par ceux qui veulent voir dans les théories non pas le tableau changeant et progressif de la science, mais l'expression d'une vérité absolue.

Mon ami connaissait sur le bout de son doigt l'histoire de tous les alchimistes anciens et modernes, depuis celle de Daniel de Transylvanie, qui vendit vingt mille ducats à Cosme Ier, sa recette pour la transmutation des métaux, jusqu'à celle du Saxon Paykull, qui, condamné à mort par Charles XII, racheta sa vie en changeant un lingot de plomb en un lingot d'or, dont on tira quarante-sept ducats, tout en distrayant de ce lingot de quoi faire une médaille qui fut frappée à la plus grande gloire de l'inventeur, avec cette inscription : *Hoc aurum arte chimicâ conflavit Holmiæ*, 1706, *O. A. V. Paykull*.

Mais comme Daniel de Transylvanie, une fois en France, avait écrit à Cosme Ier qu'il s'était moqué de lui; comme Paykull, une fois en liberté, profita de cette liberté pour quitter la Suède et aller mourir je ne sais où, en laissant une recette dont on n'a jamais pu rien faire et qui prouve seulement qu'il était encore plus fort en escamotage qu'en chimie ; comme, enfin, il était aussi clairement démontré aux yeux de mon ami qu'à ceux de mon confrère Scribe que l'or est une chimère, — mon ami, sans toutefois rien préjuger sur l'avenir, se borna tout bonnement, pour l'heure, à tenter la production du diamant, ce qui lui donnait infiniment plus de chance, le diamant n'étant pas la transmutation d'un corps en un autre, mais une simple modification d'un élément connu, — le diamant enfin n'étant rien autre chose que la cristallisation du carbone pur.

Pour la recherche de ce problème, mon ami s'était adjoint un ami à lui, élève de l'École polytechnique, occupant aujourd'hui une des premières places dans les ponts et chaussées, garçon d'esprit, d'étude et de science, tout à fait digne d'une pareille association, et qui se nommait Frantz. Or, pour plus de continuité dans leurs travaux, pour plus de persévérance dans leurs recherches, les deux jeunes gens avaient décidé qu'ils demeureraient ensemble et avaient en conséquence loué, rue St-Dominique, n° 48, un appartement commun.

Un an se passa en expériences.

Raconter ce que cette année renferma d'alternatives, d'espoirs et de déceptions, de croyances enivrantes et de désappointements amers, c'est ce qui nous est matériellement impossible, attendu que ce serait un journal presque quotidien des émotions de nos deux alchimistes. Enfin, au bout de cette année, le découragement s'en mêla ; mon ami, plus philosophe que Frantz, se consolait en faisant de la musique. Mais Frantz, qui détestait la musique, n'avait rien pour se consoler. Il en résulta que ces deux désireurs de l'impossible, comme eût dit Tacite, tombèrent dans le découragement, laissèrent éteindre leurs fourneaux, laissèrent refroidir leurs creusets et reléguèrent dans une grande armoire, réceptacle des pots de pommade et des bouteilles à cirage de la communauté, les cornues, les alambics, les cucurbites et les ballons.

Quatre mois s'écoulèrent sans que l'on pensât autrement à l'alchimie. Par une convention tacite, et pour ne pas renouveler les douleurs des jours passés, les jeunes gens n'ouvraient plus la bouche sur ce sujet, et semblaient craindre jusqu'à une allusion à leurs espérances détruites. On eût dit que la chimie n'existait plus ou était encore un art à inventer.

Cependant la communauté était devenue inutile ; chacun des deux amis, renonçant à cette association dorée, source pour eux de tant de rêves, songeait à tirer de son côté. On avait donné congé de l'appartement pris dans un but manqué, et qui cessait d'offrir les convenances pour lesquelles, en des temps meilleurs, on l'avait choisi. Mon ami faisait ses malles, tandis que Frantz s'occupait du triage des objets appartenant à la susdite communauté, quand tout à coup mon ami entendit des pas se rapprocher rapidement de la chambre ; la porte s'ouvrit, et

Frantz apparut sur la porte, pâle, tremblant, et s'écriant d'une voix altérée :

— Henry ! Henry !!..... le bahut a bahuté.

Expliquons la signification de ce substantif et de ce verbe, qui pourrait bien, au premier abord, échapper à la perspicacité de mes lecteurs.

Chaque profession a son argot, chaque science a son idiome, chaque état a sa langue. Or, en terme de chimie familière, on appelle en général *bahut* un instrument quel qu'il soit, et *bahutage* l'opération quelconque que cet instrument est destiné à accomplir.

Ce cri intime, ce cri du plus profond de l'âme, ce cri, expression instantanée de la stupéfaction arrivée au plus haut degré, était donc parfaitement intelligible pour celui auquel il était adressé ; seulement, comme il y avait un nombre indéfini de bahuts dans l'établissement, et que, quelle que fût sa perspicacité, mon ami ne pouvait deviner duquel il était question, il regarda Frantz, dont la figure annonçait un bouleversement général, et demanda :

— Quel bahut ?

Au lieu de répondre, Frantz s'évanouit comme une vision, et, un instant après, reparut tenant le bahut à la main.

Le bahut n'était rien autre chose qu'un de ces appareils méprisés et relégués parmi les pots de pommade et les bouteilles de cirage, et qui, pendant un repos de quatre mois, avait bahuté sous l'influence de circonstances encore mystérieuses de lumière, de chaleur ou d'électricité.

C'était un de ces globes de verre appelés *ballons*, dont toute la surface intérieure se trouvait recouverte d'une multitude innombrable de petits cristaux étincelants de toutes les couleurs du prisme. A cette vue, mon ami se précipita vers les fenêtres, les ferma, et alluma une bougie ; à cette époque, mon ami s'éclairait encore avec cet aristocratique combustible. Or, mon ami avait fermé les fenêtres, et allumé une bougie, attendu que, comme on le sait, une des propriétés du diamant est de jeter des feux beaucoup plus vifs à la lumière qu'au jour.

Ce fut ce qui eut lieu.

Mais cela ne suffisait pas pour rassurer la tremblante conviction de nos deux alchimistes. Ces cristaux détachés légèrement avec la barbe d'une plume furent à l'instant même traités par tous les agents chimiques propres à constater leur nature ; le résultat fut affirmatif.

Ce ne fut pas encore tout. L'un des plus grands produits, lequel pouvait bien atteindre le diamètre d'une tête d'épingle de petite dimension, prévenu de fausseté qu'il était, subit, à l'aide d'un excellent microscope de Vincent Chevalier, la confrontation avec un diamant véritable. A cette époque, mon ami avait encore des diamants. La similitude était entière.

Ce point reconnu, ce même produit fut porté chez un des plus habiles joailliers de la capitale, lequel déclara que c'était bien un diamant pouvant valoir vingt sous de notre monnaie : un franc, nouveau style.

Cette déclaration combla nos jeunes gens de joie ; car, comme on le comprend bien, ce n'était pas dans la valeur momentanée du produit qu'était la question, mais dans la découverte du principe. D'ailleurs, ne fussent-ils arrivés qu'à faire de la poussière de diamant, on sait que cette seule poussière a déjà dans le commerce une valeur considérable.

La question était donc résolue.

Cette solution produisit sur les deux alchimistes un effet fort différent : effet d'autant plus profond, que tous deux gardèrent sur la découverte qu'ils venaient de faire le plus absolu silence. Seulement, à partir de ce jour, toutes les fois qu'on parlait devant Frantz de ces fortunes fort estimables de cinquante mille, de soixante mille, de cent mille francs de rentes qu'on rencontre dans le monde, Frantz avançait dédaigneusement la lèvre inférieure, laissait échapper un — Peuh!... des plus méprisants, et jetait en paroles des millions au nez de ses interlocuteurs. Puis, si on poussait à l'endroit de ces millions, dont il disposait avec une si grande facilité, l'interrogation un peu trop loin, Frantz tournait le dos en chantonnant assez faux, pour guérir les curieux du désir de l'entendre davantage, un petit air d'opéra emprunté à quelque composition inédite de son ami.

Les gens sensés, qui rencontrèrent Frantz dans le monde et qui s'aperçurent de cet étrange changement dans sa conversation et dans ses manières, vinrent tout doucement prévenir son collaborateur que Frantz tournait à la folie. Mais ils trouvèrent son collaborateur plus muet, plus pâle que de coutume, et ayant un des symptômes les plus caractéristiques du choléra.

Ils s'éloignèrent en disant que mon ami tournait au marasme.

Cependant nos alchimistes, loin de se séparer, comme c'était leur intention, s'étaient réunis à nouveau et plus étroitement que jamais. Le soir même de ce grand événement que nous avons raconté, les fourneaux s'étaient rallumés, les alambics s'étaient remplis de nouveau, et les cornues étaient rentrées en fonctions. Quoique la liqueur remplissant primitivement le ballon se fût évaporée, pendant cet intervalle de trois mois, nos alchimistes se rappelaient parfaitement la construction de l'appareil, et la nature des produits employés à sa composition ; les mêmes éléments furent donc remis en œuvre, les mêmes opérations eurent lieu ; des ballons, contenant la liqueur productrice, commencèrent à remplir non-seulement l'armoire aux pots de pommade et aux bouteilles de vernis, mais encore toutes les autres armoires. Bientôt les armoires débordèrent, et des planches s'allongèrent par étages autour de l'appartement ; ces planches se remplirent à leur tour comme s'étaient remplies les armoires, les deux amis se ruinaient en ballons ; leurs fournisseurs habituels ne pouvaient comprendre quelle espèce de commerce ils faisaient de ce genre de bahuts. Quant à eux, à toutes les questions qu'on leur faisait, ils répondaient par un mystérieux : — qui peut savoir? ou par un prophétique : — qui vivra verra! Et comme Frantz devenait de plus en plus dédaigneux et mon ami de plus en plus pâle, l'opinion commune était qu'ils continuaient de s'avancer, l'un vers la folie, l'autre vers le marasme.

L'opinion commune se trompait, tous deux avançaient vers une nouvelle déception.

Les jours s'écoulèrent, la liqueur s'évapora, mais cette fois il ne resta rien au fond des ballons.

Cependant l'espoir soutint nos jeunes gens pendant un an tout entier; pendant un an ils épuisèrent les mille combinaisons différentes que pouvait leur fournir le souvenir de leurs expériences passées; tout fut inutile : cette cristallisation qui avait produit sur leurs deux organisations un effet si opposé demeura unique. Aucun des bahuts ne bahuta une seconde fois, et nos deux alchimistes demeurèrent convaincus que cette suite de non-succès, malgré l'emploi des mêmes moyens, avait pour cause, ou quelques-unes de ces circonstances mal appréciées dont nous avons parlé plus haut, ou l'impureté même des produits employés dans les premières expériences, impureté qui avait pu devenir une cause de réussite.

Après une suite de vains essais, les amis se séparèrent en partageant leur trésor; mon ami garda le gros diamant qui avait été estimé 20 sous, et Frantz en prit deux plus petits, pouvant valoir chacun à peu près 50 centimes.

Or, comme à cette époque, mon ami riche encore, ne se livrait à ces sortes d'expériences que par amour de la gloire, et qu'il ne considérait la production du diamant, même en cas de succès, que comme un fait curieux, mais qui n'avancerait pas la science d'un pas, il abandonna cette recherche, et, fatigué momentanément de l'alchimie, il en revint à la musique.

II. — LA MUSIQUE.

Quelques mots sur la direction musicale qu'avait suivie mon ami dans ses études; ils expliqueront comment, au lieu de faire ses débuts à l'Académie royale de musique de Paris, il jeta les yeux sur le théâtre Saint-Charles de Naples.

Mon ami avait appris le contrepoint avec Paër et la composition avec Rossini. Il était donc lancé à corps perdu dans la voie italienne, ce qui ne l'empêchait point cependant d'apprécier au plus haut degré la musique allemande; il avait en conséquence conçu un projet, c'était de réunir les beautés des deux écoles; il voulait fondre Weber et Cimarosa.

Or, une pareille prétention ne pouvait se réaliser qu'en Italie. Mon ami partit donc pour Naples vers la fin de 1834, emportant avec lui sa partition toute faite sur un poëme français qu'il se promettait de faire mettre en vers plus ou moins italiens, par le premier librettiste venu.

En Italie, on est librettiste comme on est en France maquignon ou passementier, si ce n'est même que pour être librettiste on n'a pas besoin de faire les études préparatoires qu'exigent ces deux états. En Italie, tout le monde fait des vers, et il n'y a pas jusqu'au cordonnier et au tailleur qui, en vous essayant votre habit ou en vous apportant vos bottes, ne vous improvisent un madrigal sur la petitesse de votre pied ou un sonnet sur l'élégance de votre taille.

Malheureusement, comme tous les théâtres importants, Saint-Charles n'est pas un théâtre facile à aborder. La difficulté d'ailleurs se compliquait encore de la retraite du grand Barbaja. Je ne sais quelle imprudence le roi de Naples avait commise à l'endroit de Barbaja ; mais Barbaja boudait, Barbaja était retiré sous sa tente, laquelle n'était ni plus ni moins qu'un magnifique palais qu'il venait de faire bâtir au bout de la rue de Chiaja.

L'absence de Barbaja portait ses fruits, le théâtre Saint-Charles était en révolution ; une société de grands seigneurs s'était réunie pour l'exploiter. Or, nous savons en général comment les grands seigneurs administrent les théâtres. Il y avait désolation générale rue de Tolède et aux environs.

Ce fut dans ces circonstances que mon ami se présenta dans le monde musical de Naples, sous le double patronage de Paër et de Rossini.

Le bruit se répandit aussitôt qu'un compositeur français, portant le titre de vicomte, venait d'arriver à Naples pour faire jouer au théâtre Saint-Charles un opéra seria.

Il y avait dans cette nouvelle deux choses qui devaient émouvoir singulièrement la société napolitaine.

La première, c'est qu'un jeune compositeur eût la prétention de faire ses débuts sur le théâtre Saint-Charles, devant le public le plus difficile de toute l'Italie.

La seconde, c'était que ce compositeur fût vicomte.

En Italie, nous ne dirons pas que l'aristocratie n'est pas encore descendue jusqu'à l'art ; nous dirons seulement que l'art n'a point encore monté jusqu'à l'aristocratie. Un seul exemple d'une pareille dérogation existe, et encore est-elle toute récente : c'est le double succès du prince Joseph Poniatowski dans le genre sérieux et bouffon, sur les deux théâtres de Florence et de Pise : pour tous ceux qui s'occupent de musique, nous n'avons besoin que de nommer *Giovanni da Procida* et *don Desiderio*.

Mais, à cette époque, le prince Joseph n'avait point encore dérogé aux habitudes générales : l'arrivée de mon ami fut donc, à Naples, un véritable événement.

Les lettres de Paër et de Rossini lui ouvrirent les portes des artistes.

Son nom lui ouvrit celle de l'aristocratie.

Cette aristocratie eut bien d'abord quelque velléité de croire que la noblesse de mon ami était de création nouvelle, et appartenait à la fin du règne de Louis XV, ou au commencement du règne de Napoléon. Mais le vicomte compositeur se présenta dans le monde le ruban de chevalier de Malte à sa boutonnière, et, comme on le sait, l'ordre de Malte est un de ceux qui exigent les preuves les plus sévères, c'est-à-dire huit quartiers paternels et huit quartiers maternels.

Le vicomte était donc bien de race, et il n'y avait rien à dire à l'égard de sa noblesse.

Mais restait sa musique : c'était là où on l'attendait.

Les artistes du théâtre Saint-Charles avec lesquels mon ami s'était trouvé en relation, grâce aux lettres de Paër et de Rossini, chantèrent alors en soirée quelques morceaux de son opéra.

La stupéfaction fut grande. Un vicomte français avait fait de la musique qu'aurait pu avouer un maestro italien. C'était à n'y rien comprendre.

Or, comme la musique était véritablement belle, et que les italiens n'admettent pas que tout compositeur n'ayant pas un nom en *o* ou en *i* puisse faire de la bonne musique, le bruit se répandit tout bas que c'était Rossini qui, ne voulant plus composer tout haut, avait mis une composition anonyme sur le dos de son élève.

Peut-être pensera-t-on que, grâce à ce bruit, les portes du théâtre Saint-Charles tournèrent plus facilement sur leurs gonds; point du tout; au contraire même. Les Napolitains sont les seuls dilettanti de la terre qui se vantent encore aujourd'hui, tant, disent-ils, ils ont le goût pur, d'avoir sifflé Rossini et Mme Malibran.

Ah! si Barbaja eût été là; mais Barbaja, comme nous l'avons dit, était sous sa tente.

Un jour on écrira l'Iliade de cet autre Achille : malheureusement notre mission à nous est plus modeste, et nous n'avons à raconter que l'Odyssée de notre ami.

Il va sans dire que notre ami s'était bien gardé de dire là-bas qu'il était chimiste. Un vicomte chimiste, c'était bien pis qu'un vicomte compositeur. Peste! on aurait cru qu'il venait pour empoisonner le roi.

Rien ne transpira heureusement à cet endroit.

Mon ami avait déjà passé deux ou trois mois à Naples, perdant son temps à avoir des succès de salon, et commençant à croire que ces succès ne le mèneraient à rien, lorsqu'un soir ces succès, qui étaient montés jusqu'au roi, inspirèrent à sa majesté Ferdinand II cette heureuse idée de laisser tomber de ses lèvres royales cette simple petite phrase :

— Eh bien! l'opéra de ce Français, est-ce qu'on ne le joue pas?

A Naples, les phrases royales, si banales qu'elles soient, tombent encore sur une terre assez fertile en courtisanerie, pour pousser à l'instant même, et porter, sinon des fleurs, du moins des fruits.

Or, la phrase royale porta ses fruits.

Les ministres dirent aux généraux — on sait que la cour de Naples est celle où il y a le plus de généraux ; — les ministres dirent donc aux généraux que le roi avait daigné s'informer de l'époque où l'on jouerait l'opéra du compositeur vicomte. Les généraux répétèrent la chose aux chambellans, les chambellans la redirent aux grands seigneurs, entrepreneurs du théâtre Saint-Charles. Les grands seigneurs se regardèrent entre eux et se demandèrent :

— Où prendre l'argent?

Où prendre l'argent? hélas! c'est la grande affaire partout, et à Naples encore plus qu'ailleurs. Si le théâtre Saint-Charles a une subvention quelconque, ce dont je doute, c'est quelque chose comme 40 à 50 mille francs, juste de quoi payer l'orchestre. Ce cri, poussé du fond du cœur, n'était donc pas l'expression d'une pauvreté feinte, mais au contraire d'une détresse bien réelle.

Heureusement il y avait là un banquier artiste.

Un banquier artiste, — je le répète, ce n'est pas une faute d'impression.

Oui, un banquier artiste. Ce banquier était M. Falconnet, le même qui mit sa caisse à ma disposition, lorsque Sa Majesté, moins bienveillante pour moi que pour mon ami, laissa tomber cette autre phrase :

« Il faut faire sortir M. Alexandre Dumas de mes états, attendu que c'est...: que c'est.... que c'est.... »

Sa Majesté, qui n'a pas l'élocution facile, ne put pas trouver ce que j'étais ; mais c'est égal, la première partie de sa phrase était parfaitement intelligible, et je reçus l'invitation de quitter Naples dans les vingt-quatre heures, et les états de Sa Majesté sous trois jours.

Ce fut alors, dis-je, que M. Falconnet, ce même banquier artiste dont j'ai parlé, mit sa caisse à ma disposition ; or, comme je n'admets pas qu'en pareil cas le pour acquit vous acquitte, je lui renouvelle donc ici l'expression de ma reconnaissance.

Or, à cette phrase anxieuse : — où prendre l'argent? — M. Falconnet répondit :

— Je ferai l'argent, moi.

Les grands seigneurs saluèrent M. Falconnet.

Le même soir, le vicomte eut avis que son opéra allait être mis en répétition, et qu'il eût par conséquent à distribuer ses rôles.

Heureux pays où d'une seule phrase un roi peut chasser les poëtes et faire jouer les compositeurs!

Aussi a-t-on dit : — Voir Naples et mourir.

Mon ami ne perdit pas de temps : Il courut, chez qui, — devinez?

Chez Duprez et chez la Persiani.

Mon ami n'était pas malheureux, n'est-ce pas? Du premier coup il allait être chanté par le rossignol de la France et la fauvette de l'Italie.

Aussi pensa-t-il en devenir fou de joie.

Et remarquez que derrière ces deux grands artistes il y avait un jeune homme dont on ne parlait pas encore à cette époque en Italie, et qui, avec Morliani, était à peu près le seul dont on parle aujourd'hui. — Ce jeune homme, c'était Ronconi.

A part la Malibran, — cette femme à part, — c'était donc tout bonnement ce qu'il y avait de mieux, non-seulement dans le royaume des Deux-Siciles, mais encore dans la péninsule tout entière.

J'ai raconté ailleurs les nouvelles tribulations qui précédèrent la représentation de l'ouvrage de mon ami. J'ai dit cette soirée merveilleuse où Sa Majesté faillit, en oubliant d'applaudir, faire tomber ce malheureux opéra, qui lui devait presque le jour qu'il était menacé de perdre en naissant. J'ai constaté ce succès, qui s'inscrivit sur les fastes chromatiques de Naples, comme un des grands succès qui eussent eu lieu depuis vingt-cinq ans.

Il est inutile de dire que Duprez avait été merveilleux, la Persiani adorable, et Ronconi parfait.

Le jeune maestro était dans la joie de son âme; il avait trouvé le véritable diamant, celui-là dont il avait en lui-même l'infaillible recette, et dont il pourrait renouveler la production autant de fois qu'il lui conviendrait d'en faire l'expérience, il le croyait du moins.

Ce fut sur ces entrefaites que je passai moi-même à Naples. J'allais, comme on le sait, en Sicile; je proposai à mon ami de m'y accompagner : il eut le courage de s'arracher à son triomphe et de monter à bord de mon spéronare.

Le surlendemain de notre départ, nous faillîmes faire naufrage ensemble. Au moment le plus critique, je lui exposai tous mes regrets de lui avoir fait quitter la terre.

— Vous avez raison, me dit-il, en se frappant le front comme André Chénier : je serais désespéré de me noyer maintenant, j'avais là une idée d'opéra !...

Comme on le voit, mon pauvre ami était alors aussi enthousiaste de la musique qu'il l'avait été, deux ans auparavant, de l'alchimie.

Mon ami resta un mois en Sicile : en revenant à Naples, il reçut une lettre qui n'avait rien de particulier, qui avait la forme de toute lettre, où l'adresse était proprement écrite sur trois lignes, comme doit être écrite une adresse propre.

Il l'ouvrit nonchalamment, machinalement, comme on ouvre une lettre dont l'écriture nous est indifférente.

Cette lettre était d'un homme d'affaires, qui lui annonçait qu'il avait perdu toute sa fortune.

Peut-être croira-t-on que cette nouvelle porta un coup terrible au jeune maestro. On se tromperait. D'abord, mon ami est un de ces hommes au cœur fort, à l'épreuve de la joie et de la douleur. Il se contenta de sourire, et, jetant dédaigneusement la lettre sur son piano, où étaient entassées les partitions de Rossini, de Weber et de Mozart :

— C'est bien, dit-il, je serai artiste.

Malheureusement, on n'est artiste en Italie qu'à la condition de mourir de faim. Donizetti a vendu tel de ses opéras douze ducats, et Rossini a donné tel de ses chefs-d'œuvre pour dix écus. On ne vit d'art qu'en France : mon ami revint donc à Paris.

Le bruit de son succès l'y avait précédé : la partie la plus fatigante du chemin théâtral était donc aplanie pour lui, il se trouva immédiatement en relation avec les artistes et les directeurs.

Vers le même temps, j'étais de mon côté revenu aussi en France, et peut-être avais-je contribué, par un ou deux articles dans la *Gazette musicale*, à faire connaître le jeune maestro qui n'était pas du tout connu à cette époque, la Persiani qui n'avait encore d'autre réputation que d'être la fille de Tachinardi, et Duprez dont on n'avait gardé d'autre souvenir que celui qu'il avait laissé dans ses essais à l'Odéon.

Peut-être me demandera-t-on ce que je faisais, moi, profane, au milieu des compositeurs, des exécutants et des dilettanti qui composent la liste des rédacteurs attachés au journal de mon ami Maurice Schlesinger ; j'y étais entré pour rendre compte du Théâtre-Français qui m'avait paru mériter une attention particulière et une critique spéciale comme théâtre chantant.

J'étais donc de retour à Paris, où je suivais mes répétitions de *don Juan de Marana*, lorsque je vis entrer un beau matin, chez moi, mon maestro et Nourrit.

Ils venaient me demander de faire pour l'Opéra un poëme, dont mon ami devait composer la musique, et dont Nourrit devait chanter le principal rôle.

C'était à peu près la dixième fois qu'on venait me faire une proposition pareille pour l'Opéra ; jamais une proposition de ce genre n'avait pu avoir la moindre suite.

M. Véron, il faut lui rendre justice, est le premier à qui il soit venu l'idée de me demander un poëme pour l'Opéra ; seulement, il l'avait compliquée d'une petite difficulté. Nous devions à nous deux Scribe faire un poëme pour Meyerbeer.

Rien ne paraissait plus simple au premier abord. Nous étions amis tous trois depuis plusieurs années. A la première entrevue, nous tombâmes d'accord du sujet. Au bout de huit jours, nous l'avions envisagé chacun d'un point de vue si parfaitement opposé, que nous étions à peu près brouillés avec Scribe, et que nous avions manqué nous couper la gorge avec Meyerbeer.

Je me hâte d'ajouter que depuis qu'il n'est plus question d'opéra entre nous, nous sommes redevenus les meilleurs amis du monde.

Au premier abord, j'eus la crainte que même chose arrivât entre mon ami, Nourrit et moi. Je leur exposai mes terreurs à cet endroit, et l'antécédent sur lequel elles reposaient. Ils me rassurèrent tous deux en me déclarant qu'ils me laissaient parfaitement libre du choix et de l'exécution du sujet, bien entendu que de mon côté je m'astreindrais à la coupe habituelle des opéras en trois actes.

Je fis deux actes, à la grande satisfaction du maestro et de Nourrit. Le maestro faisait sa musique à mesure que je faisais mes vers, et Nourrit la chantait. Pauvre Nourrit!

On annonça les débuts de Duprez. On se rappelle le succès immense de cet admirable chanteur dans *Guillaume Tell*. Nourrit, à qui le champ était ouvert, n'osa pas soutenir la concurrence, et partit pour Naples, qu'il trouva encore toute retentissante des mélodieuses vibrations de la voix que nous applaudissions à Paris. On sait le reste.

Hélas! j'ai porté malheur aux deux hommes pour lesquels j'ai fait des opéras. Avis à ceux qui auraient l'indiscrétion de m'en venir demander encore. Les *Brigands romains* (tel était le titre de mon poëme) ont précédé de six mois à peine la mort de Nourrit. Deux ans après avoir fait la musique de *Piquillo*, Monpou était mort.

Mais, au moins, de Monpou il reste quelque chose. Il reste les *Deux Reines*, il reste une foule de chants devenus populaires à force de poésie musicale, si l'on peut dire cela.

Mais du chanteur, que reste-t-il? un son évanoui, une note éteinte, quelque chose comme le bruit que fait la corde d'un luth en se brisant.

Force nous fut donc d'interrompre notre travail; mon ami recourut à un autre poëte plus influent que moi à l'Académie royale de musique. On le fit attendre un an, ce qui est peu de chose.

Puis, au bout d'un an, il fut joué par Duprez, Massol, Levasseur et Mme Dorus, je crois.

Aussi le succès fut-il au moins aussi grand rue Lepelletier qu'il l'avait été rue de Tolède.

Seulement, au bout de vingt ou vingt-cinq représentations, mon ami, qui avait cru se créer un avenir dans la carrière musicale, s'aperçut avec terreur qu'il n'était plus assez riche pour avoir des succès durables au grand Opéra.

Il fut longtemps à se convaincre de cette grande vérité; mais enfin il en demeura convaincu.

Il en résulta que, comme il avait mangé le reste de sa fortune à avoir son dernier succès, il pensa sérieusement à faire autre chose que des partitions.

Il était désabusé de l'alchimie, il était dégoûté de la musique; il se décida à tâter de la chimie.

III. — LA CHIMIE.

Mon ami n'avait pas plus abandonné la chimie en faisant de la musique, qu'il n'avait abandonné la musique en faisant de la chimie; seulement presque toujours, et selon les circonstances, une de ces deux sciences primait l'autre. C'était le tour de la chimie de l'emporter sur la musique, attendu que la chimie promettait autant de gloire pour l'avenir et offrait plus de ressources pour le présent.

Ses recherches se tournèrent donc vers la chimie industrielle : il s'agissait de trouver de nouveaux procédés de teinture.

Or il arriva ceci :

Le négociant qui prêtait à mon ami ses ateliers pour y faire des expériences en grand avait pour frère un joaillier; ce joaillier vint un jour trouver notre chimiste, apportant une de ces petites fleurs en filigrane d'argent comme on en fait à Gênes, et disant que si, par un procédé nouveau et encore inconnu, on parvenait à dorer ces petites fleurs, il y aurait quelques billets de mille francs à gagner.

Cette phrase, toute banale qu'elle est, résonne toujours agréablement à l'oreille. Cette fois, elle avait pour mon ami une importance d'autant plus grande que, comme nous l'avons dit, de ces soixante mille livres de rente qu'il aurait dû avoir, il ne lui restait absolument rien.

Notre chimiste prit la petite fleur, la tourna et la retourna de tous les côtés.

Le joaillier avait raison; la ténuité du filigrane rend la dorure au mercure impossible sur de pareilles pièces, la chaleur trop considérable à laquelle on est forcé d'avoir recours les brisant impitoyablement.

Notre chimiste, après avoir mûrement réfléchi à la proposition, entrevit comme dans un rêve la possibilité d'arriver à ce résultat.

Alors le bijoutier indiqua, comme intéressée personnellement à cette découverte par son genre de fabrication, la maison Christofle, qui, sous ce rapport, est *incontestement* la première maison de Paris. Qu'on me permette de faire un adverbe, mon ami a bien fait du diamant.

Après de longues expériences sur des fleurs pareilles à celle que lui avait apportée le bijoutier, mon ami obtint des résultats imparfaits encore, mais cependant déjà assez avancés pour rendre le succès probable. Arrivé à ce point, il porta les échantillons à M. Christofle, lequel, après les avoir examinés avec une profonde attention, lui fit cette observation judicieuse :

— Mais si vous pouvez dorer le filigrane, vous pouvez bien aussi dorer autre chose.

Il revint chez lui tout pensif; car, dès lors, outre la question scientifique et industrielle, une grande question humanitaire se présentait à son esprit.

Écoutez bien ceci :

Tous les ans il meurt un certain nombre d'ouvriers doreurs au mercure, tués par le mercure ; ceux qui échappent à la mort sont infailliblement atteints, au bout d'un certain nombre d'années, de tremblements, de salivation et d'affaiblissement des facultés intellectuelles : en un mot, ils subissent tous les effets de l'empoisonnement par les mercuriels.

Aussi cette question préoccupait-elle depuis vingt ans l'Académie des sciences, qui l'avait placée au premier rang parmi celles offertes comme sujet du prix fondé par M. Montyon, pour l'assainissement des professions insalubres.

Dès lors la découverte cherchée s'agrandissait, outre le service rendu au pays comme question financière, puisque la France est tributaire de l'Espagne, d'où elle tire son mercure : — on se rappelle les mines d'Almaden, ces éternelles garanties des emprunts espagnols ; — dès lors la découverte s'agrandissait, disons-nous, de toute la question humanitaire. C'était la santé et la vie d'un certain nombre d'hommes que la science chimique, rivale désormais de la science médicale, allait disputer à la maladie et à la mort.

Mon ami abandonna donc tous ses projets, interrompit donc toutes ses expériences pour se borner à des expériences uniques et pour suivre un seul projet.

Il voulait, quelque travail, quelque temps, quelques sacrifices que la chose lui coûtât, il voulait trouver le moyen de dorer sans mercure.

Il reprit donc, où il les avait abandonnés, ces essais qui avaient amené les résultats imparfaits que nous avons constatés, mais qui, tout imparfaits qu'ils étaient, avaient fait concevoir à notre chimiste l'espérance d'arriver à une réussite complète.

Si mon ami avait eu à cette époque cette belle coupe d'argent dans laquelle vingt ans auparavant il faisait fondre ses soldats de plomb, il eût essayé de dorer sa coupe ; mais la coupe avait disparu depuis longtemps, et il ne lui restait de son ancienne splendeur qu'une douzaine de couverts d'argent.

Il essaya de dorer ses couverts.

Tous les jours, il dorait une fourchette ou une cuiller ; tous les soirs, il portait l'objet doré à Mme Journet, brunisseuse, laquelle, après avoir donné quelques coups de brunissoir sur la fourchette ou sur la cuiller, levait la tête, regardait mon ami, et, de cet air de satisfaction intérieure qu'ont les gens qui vous ont prédit un désappointement lorsque ce désappointement arrive, disait :

— Ça ne tient pas.

En effet, elle rendait au pauvre chimiste l'objet parfaitement dédoré à l'endroit où avait passé le brunissoir.

A cette époque, mon ami ne demeurait plus dans cet élégant logement de la rue Saint-Dominique où, pour son plaisir, il s'était autrefois mis, avec Frantz, à la recherche du diamant. Non, les temps étaient changés, disons-le hardiment. Mon ami était pauvre, pauvre de cette pauvreté qui touche à la misère : la découverte qu'il cherchait n'était donc pas seulement une question de science ou une question d'humanité, c'était une question d'existence.

J'allai le voir à cette époque. Je le trouvai dans une cave de la rue de

Beaune ; je lui demandai la raison de cette préférence ; il me répondit qu'il ne s'agissait pas de préférence, mais de nécessité. Il avait pris la cave, parce que c'était la localité la moins chère de la maison.

Or, comme il ne pouvait pas faire ses expériences chimiques dans sa cave, il avait cherché un laboratoire dans les mêmes conditions économiques ; ce n'était pas facile à trouver. Enfin, il avait découvert, rue du Colombier, une affreuse petite mansarde, ayant servi autrefois de cuisine, et dans laquelle existait encore un fourneau.

La vie de mon ami se partageait entre cette cave et ce grenier.

Dans la cave il combinait ses expériences.

Dans le grenier il les exécutait.

Puis, chaque soir, il s'en allait porter sa fourchette ou sa cuiller chez Mme Journet, rue de Verneuil, au coin de la rue du Bac, montait au cinquième, lui présentait le résultat de l'expérience du jour. Mme Journet y passait le brunissoir, relevait la tête, et rendait à l'expérimentateur l'objet parfaitement dédoré en disant avec son intonation habituelle :

— Ça ne tient pas.

Le chimiste poussait un soupir, redescendait dans sa cave, cherchait toute la nuit une combinaison nouvelle; le lendemain matin, remontait à son grenier, faisait sa tentative quotidienne ; puis, le soir venu, retournait chez l'impassible Mme Journet, laquelle, avec le même hochement de tête, le même son de voix et le même geste de restitution, répétait :

— Ça ne tient pas.

C'était à en devenir fou. Plus de cent cinquante voies de recherches différentes furent suivies par l'infatigable chimiste, sans amener d'autre résultat que l'éternel désappointement dont Mme Journet s'était faite l'organe.

La chose devenait grave.

Il restait, comme je l'ai dit, à mon ami une douzaine de couverts d'argent, faible et dernier débris de sa splendeur passée. Il avait, comme je l'ai dit encore, commencé ces expériences sur ces couverts, dorant tantôt une cuiller, tantôt une fourchette; mais, une fois la fourchette ou la cuiller dorée, elle devenait impropre à une expérience nouvelle, et il fallait la troquer contre une cuiller ou une fourchette vierge. Or, dans ce troc journalier, le troqueur perdait la façon, c'est-à-dire 6 fr. à peu près. Il en résultait que mon pauvre ami, à mesure que se prolongeaient ses essais infructueux, et chaque fois que l'inflexible Mme Journet répétait son éternel — ça ne tient pas, — il en résultait, dis-je, que mon pauvre ami perdait 6 fr. De sorte que ses douze couverts commencèrent à se réduire à onze, puis à dix, puis à neuf, puis à huit, puis à sept, puis à six ; la façon mangeait le métal. Alors mon ami songea qu'il pouvait aussi bien faire ses expériences sur des petites cuillers que sur des grandes ; il changea les six couverts qui lui restaient contre deux douzaines et demie de cuillers à café, et les essais recommencèrent avec plus d'ardeur que jamais, mais peu à peu les petites cuillers disparurent comme les grandes, dévorées par la façon. Il en restait six.

Mon ami essaya alors de faire polir sa dorure au lieu de la faire brunir, — le polissage étant moins rude que le brunissage, lui donnait l'espérance que ce qui ne pouvait résister au brunissoir résisterait au polissoir. — D'ailleurs il commençait à prendre Mme Journet en exécration, et chaque fois qu'elle lui répétait son éternel — ça ne tient pas, — il lui prenait des envies féroces de l'étrangler.

Il demanda donc à un bijoutier l'adresse d'une polisseuse quelconque; le bijoutier lui donna celle de Mme Nicolas, cour Matignon, n° 5, au troisième, la porte à gauche de l'escalier.

Notre chimiste était enchanté de son idée; il ne concevait pas comment il avait perdu tant de temps à s'entêter au brunissage, tandis que le polissage devait produire le même effet. Il trempa une de ses six petites cuillers dans une nouvelle mixture; puis, le soir venu, sa cuiller précieusement empaquetée dans son mouchoir, il s'achemina vers la demeure de Mme Nicolas.

Mon ami, depuis six ou huit mois, avait tellement été préoccupé, qu'il avait fort abandonné les soins de sa toilette. Ses cheveux tombaient jusque sur ses épaules, sa barbe tombait jusque sur sa poitrine. Ses vêtements portaient la trace des différentes mixtures successivement employées dans ses expériences successives. Bref, mon ami ressemblait fort à Nicolas Flamel, et quiconque a vu des portraits de Nicolas Flamel avouera que, sans faire tort à ce vénérable alchimiste, tout œil inexpérimenté pourrait, au premier abord, le prendre pour un brigand.

Ce fut ce qui arriva à son successeur.

Mon ami trouva parfaitement la cour Matignon, et dans la cour Matignon le n° 5. Il s'enfonça dans une longue allée noire, s'engagea dans un de ces escaliers tournants où une corde remplace la rampe, monta jusqu'au troisième, chercha la porte à gauche, la trouva, allongea la main en tout sens sans rencontrer la sonnette, mais, à défaut de sonnette, trouva une clef, fit tourner la clef dans la serrure, entra, vit des rayons de lumière qui sortaient par les fentes d'une porte, et jugeant avec beaucoup de sagacité que c'étaient là les ateliers de Mme Nicolas, il s'approcha doucement, rencontra une seconde clef, ouvrit une seconde porte, et apparut tout à coup sur le seuil.

L'effet fut magique. Sur six femmes qui chantaient en chœur la romance du beau Linval, quatre se précipitèrent vers la porte, et deux s'élancèrent sur les armoires qu'elles fermèrent à double tour. Mme Nicolas, en sa qualité de polisseuse, avait chez elle un nombre indéfini de pièces d'argenterie; et l'on avait tout bonnement pris le nouvel arrivant pour un voleur.

Tout s'expliqua. Il fut reconnu que mon ami, au lieu de venir pour soustraire par ruse ou par violence aucune des pièces renfermées dans les ateliers de Mme Nicolas, apportait une cuiller à polir. La cuiller fut tirée en conséquence du mouchoir où elle était enveloppée, et passa dans les mains de la polisseuse qui reçut l'invitation de mettre la dorure à l'épreuve de l'instrument le plus tôt possible.

Mme Nicolas tourna et retourna la cuiller comme avait fait Mme Journet, hocha la tête comme l'avait hochée Mme Journet, et, au troisième ou au quatrième coup de polissoir, rendit la cuiller à son propriétaire en disant : « — Ça ne tient pas, » exactement avec le même accent que l'avait dit Mme Journet.

Mon ami n'avait absolument rien gagné à changer le brunissage contre le polissage, et Mme Journet contre Mme Nicolas ; il y avait seulement vingt fois la course de la rue de Beaune à la rue de Matignon, qu'il y avait de la rue de Beaune à la rue de Verneuil.

N'importe, notre chimiste n'avait pas été si loin pour s'arrêter au moment peut-être de toucher le but, car quelque chose lui disait sourdement au fond du cœur qu'il réussirait. Sans doute c'était la voix de l'humanité, qui réclamait pour les malheureux que sa découverte devait sauver de la maladie et de la mort.

Il revint neuf jours de suite, — neuf jours encore il suivit avec une anxiété croissante le mouvement de l'instrument de fer qui, à chaque frottement, enlevait une parcelle de ses espérances. Neuf fois encore il entendit prononcer d'une voix aussi terrible pour lui que le sera pour nous tous celle de l'ange du jugement, — l'éternel : — ça ne tient pas.

La neuvième fois, il revint chez lui, le cœur serré, le front incliné vers la terre, se demandant si c'était la peine, quelque gloire, quelque argent, quelque reconnaissance que dût rapporter le succès, de poursuivre une si longue, une si incessante, une si douloureuse lutte ; puis, arrivé chez lui, il jeta les yeux sur sa dernière cuiller d'argent, se demandant s'il la vendrait pour manger le lendemain, ou si, au lieu de manger, il essaierait une autre tentative.

Mon ami tomba sur un vieux fauteuil, qu'il rapprocha machinalement d'une table chargée de livres de chimie et éclairée par une chandelle. Hélas ! le temps était loin où l'alchimiste allumait deux bougies pour s'assurer que la poussière contenue dans le ballon était bien de la poussière de diamant. De toute la splendeur aristocratique qui l'entourait à cette époque, il ne lui restait plus qu'une pauvre petite cuiller à café, et cette cristallisation grosse comme une tête d'épingle que l'honnête joaillier auquel on l'avait présentée avait estimée vingt sous.

Il y a dans la vie de ces instants suprêmes où l'on sent que va se décider pour soi tout un avenir. Mon ami en était là. La lutte poussée au degré où elle était arrivée devait amener un triomphe prochain ou une chute imminente. Il laissa tomber sa tête entre ses deux mains, se courbant, martyr d'une idée, mais, comme les premiers chrétiens, plein de foi et d'espérance dans la doctrine qu'il confessait ; puis, après une heure de muette et solitaire méditation, il releva la tête, le regard étincelant de confiance et d'ardeur ; il venait de trouver une nouvelle combinaison, et il sentait au fond du cœur que celle-là devait réussir.

Il n'eut pas le courage d'attendre au lendemain. Il courut rue du Colombier, monta quatre à quatre l'escalier qui conduisait à son laboratoire, alluma ses fourneaux, chauffa sa mixture, y trempa sa dernière cuiller, puis, au jour naissant, il courut chez Mme Journet, qui ne l'avait pas vu depuis une semaine.

— Ah! ah! c'est vous, monsieur Henry, dit-elle. Tiens, tiens, tiens ; moi, je vous croyais mort.

— Non, ma bonne madame Journet, répondit mon ami ; j'étais bien malade, c'est vrai ; mais je crois que cette fois encore je n'en mourrai pas.

Et il tira sa petite cuiller de sa poche.

— Allons, reprit Mme Journet en haussant les épaules, vous voilà donc encore avec votre tic.

Cette bonne Mme Journet, elle appelait cela un tic.

— Que voulez-vous, dit mon ami, je me suis mis cela dans la tête ; et quand j'ai une chose dans la tête, elle y est bien.

— Oh! oui, vous êtes pas mal entêté, vous..... Eh bien ! nous allons donc encore frotter.

— Oui, j'ai trouvé un nouveau procédé, et je crois que, cette fois, ça tiendra.

— Pauvre garçon ! murmura Mme Journet. Enfin, il y en a comme cela. C'est bien pour vous faire plaisir, allez, monsieur Henry, parce que, voyez-vous, ça ne peut pas tenir.

— Voyons, madame Journet !

— Voyons !

Et la bonne femme se mit à son établi, prit son brunissoir, et se mit à frotter à tour de bras.

— Oh ! fit-elle.

— Eh bien ! demanda Henry, le cœur serré par toutes les angoisses de la crainte et de l'espérance.

— Oh ! reprit Mme Journet, de plus en plus étonnée.

— Eh bien ! continua mon ami.

— Oh !!! ça tient, s'écria-t-elle dans la plus profonde stupéfaction.

— Ça tient-il ? Voyons, franchement, dites, dites, madame Journet, ma chère madame Journet.

— Parole d'honneur !..... Eh bien ! en voilà une sévère. M. Henry, votre fortune est faite. Ne m'oubliez pas quand vous serez riche, et donnez-moi votre pratique en attendant.

Et elle remit au pauvre chimiste tout haletant sa cuiller, non-seulement parfaitement dorée, mais encore parfaitement brunie.

Le problème était résolu. Mon ami descendit les cinq étages de Mme Journet, comme s'il eût eu des ailes, et traversa l'intervalle qui sépare la rue de Verneuil de la rue du Bac, courant comme un fou, heurtant tout le monde, et se retenant à grand'peine de crier tout haut comme Archimède :

— Je l'ai trouvé ! je l'ai trouvé !

Maintenant il ne s'agissait plus que d'une chose : c'était d'arriver au résultat commercial.

Là était une difficulté plus grande peut-être qu'aucune des difficultés qu'avait surmontées mon ami. Pour arriver au point où il en était venu, il avait épuisé toutes ses ressources. Sa cuiller dorée et brunie lui restait bien comme échantillon; mais, malgré cette preuve patente du succès, aucun de ceux auxquels on s'adressait n'avait la foi. Il fallait assurer ses droits par un brevet ; le brevet coûtait quinze cents francs. Il fallait continuer les expériences, pour passer sûrement du résultat scientifique au résultat commercial.

Notre chimiste était arrivé à dorer sans mercure, mais il n'était pas arrivé à dorer sans or. Les expériences coûtaient plus cher encore que le brevet. Les spéculateurs les plus timides repoussaient tout bonnement l'ouverture, et les spéculateurs les plus hardis offraient jusqu'à trois cents francs de la cession d'un secret qui s'exploite aujourd'hui sur un capital de plus de cent mille écus.

Heureusement pour mon ami que le négociant pour lequel il avait fait autrefois ses expériences de teinture connaissait assez de chimie pour apprécier le mérite de son invention. Ce fut un appui au moment où, plus fatigué peut-être de ses démarches infructueuses qu'il ne l'avait été de ses expériences inutiles, il allait plier sous la fatigue et sous l'humiliation des refus. Ce négociant, qui s'appelait M. Chappé, vint à son aide, aplanit tous les obstacles d'argent; dès lors les expériences se firent sur une plus grande échelle, et, comme dans toute invention nouvelle, les progrès abondèrent. Enfin, on arriva à de nombreux résultats qui consistaient non-seulement dans l'application de l'or sur tous les métaux, mais encore dans l'application de tous les métaux les uns sur les autres.

Cependant la nouvelle découverte se répandait dans le monde savant. Chaque expérience menée à bien s'ébruitait au dehors. Mme Journet épouvantait ses pratiques, les doreurs au mercure, en leur annonçant qu'un procédé nouveau venait d'être trouvé par un jeune chimiste, qu'il allait ruiner leur commerce. Enfin, la rumeur toujours croissante arriva jusqu'à M. Lamée, professeur de physique à l'École polytechnique, lequel vint trouver mon ami, et lui parla de présenter ses travaux à l'Académie des sciences. Mon ami, dans sa craintive modestie, prétendit que la découverte n'en valait pas la peine. M. Lamée insista, soutenant le contraire, et, comme on le comprend bien, détermina mon ami à faire les démarches nécessaires pour obtenir de ce docte corps l'examen de son procédé.

Alors commença la contre-partie de ce que mon pauvre ami avait eu à souffrir. Malheureusement le bruit s'était répandu que le chimiste avait été compositeur et avait eu deux succès, l'un au théâtre Saint-Charles de Naples, l'autre à l'Opéra de Paris. Le moyen qu'un compositeur inventât en chimie quelque chose que les hommes les plus profondément versés dans l'art cherchaient depuis cinquante ans sans l'avoir trouvé! C'était une prétention ridicule, c'était d'un amour-propre exagéré.

Une porte s'ouvrit cependant, c'était celle de M. Arago. Il est vrai que mon ami ne lui était nullement recommandé; mais, comme on le sait, c'est à ceux-là même qui vous sont parfaitement étrangers qu'il faut aller demander des services.

Aux premiers mots qu'il lut du mémoire que lui avait apporté mon ami, son regard perçant pénétra jusqu'au fond de cette admirable découverte. M. Arago tendit la main au jeune chimiste et se chargea de lire le mémoire à l'Institut, et de demander qu'il fût nommé une commission scientifique pour examiner la nouvelle découverte.

Le mémoire fut lu et écouté dans un religieux silence; puis, au moment où fut faite la demande d'examen, M. Dumas se leva, et comme président de la commission des prix Montyon, demanda que l'affaire lui fût renvoyée.

Mon ami avait du bonheur. MM. Arago et Dumas étaient certainement les deux protecteurs qu'il se fût choisi lui-même s'il eût été libre de les choisir. M. Dumas est l'homme du travail spirituel, le chercheur de faits. Lorsqu'il met la main sur une découverte, il en fait jaillir à l'instant une lueur qui illumine la science tout entière; constamment impartial dans ses fonctions de rapporteur, il a toujours récompensé le mérite par l'éloge. Souvent généreux, son éloge a été parfois chercher un inconnu ou étonner un ennemi. Il est vrai que quelques personnes l'ont accusé d'avoir choisi ce rôle par amour-propre. S'il en est ainsi, l'amour-propre doit être mis au nombre des vertus théologales, et prendre place à côté de la Foi, de l'Espérance et de la Charité.

Je ne connais personnellement ni M. Arago ni M. Dumas. Je ne crois pas même avoir parlé une seule fois dans ma vie ni à l'un ni à l'autre. Ce que j'en dis, c'est ce que j'en ai entendu dire, pas autre chose. Je ne suis donc pas même une louange, je ne suis qu'un écho.

Au mois de juin 1841 eut lieu la séance dans laquelle M. Dumas devait faire son rapport à l'Institut; — mon ami assistait à cette séance, — humble, inconnu, caché dans un coin, — c'était la récompense de ses trois ans de travaux, de zèle et de misère; — il s'attendait à un simple rapport, le discours de M. Dumas fut d'un bout à l'autre un éloge.

Que l'on juge de l'impression produite sur un homme inconnu jusque-là en science, par cette déclaration faite par un homme comme M. Dumas, que la France compte un grand chimiste de plus; que l'on comprenne l'éblouissement que doit produire la louange, quand la louange est inattendue, et qu'elle sort d'une bouche dont chaque mot porte avec lui la consécration au génie! Mon pauvre ami se tâtait, se regardait, s'interrogeait : il ne pouvait croire que ce fût de lui qu'il était question.

Au mois de juin 1842, c'est-à-dire un an après, l'Académie décerna le prix de six mille francs à M. *le vicomte Henry de Ruolz*, inventeur d'un nouveau procédé pour dorer sans mercure ; et, à partir de ce jour, le nom de mon ami fut inscrit sur la liste des hommes dont le passage dans ce monde a été un bonheur pour l'humanité.

Maintenant, je prie mes lecteurs de ne pas dire tout haut que le vicomte Henry de Ruolz, qui a trouvé le dorage sans mercure, est le même que le vicomte Henry de Ruolz qui a fait la partition de *Lara* au théâtre Saint-Charles de Naples, et de la *Vendetta* à l'Académie royale de musique de Paris.

La chose pourrait lui faire du tort auprès des savants.

ALEXANDRE DUMAS.

FIN.

(Composé à la Machine-Compositeur typographique.)

Paris, Imprimerie de Paul Dupont, rue de Grenelle-St-Honoré, 55.

241

www.ingramcontent.com/pod-product-compliance
Lightning Source LLC
Chambersburg PA
CBHW062004070426
42451CB00012BA/2643